LE SECOND REGARD

Recueil de poèmes

Pierre Jonas ROMAIN

LE SECOND REGARD

Recueil de poèmes

VARELLA

©Editions Varella - Pierre Jonas ROMAIN

ISBN : 9782386170140

Dédicace

À ma mère
À ma femme
À ma soeur
À toutes les femmes qui souffrent mais qui restent encore
debout

Préface

Pierre Jonas Romain a toujours célébré la femme dans ses écrits. C'est d'ailleurs l'autre constante, à côté de celle de la dénonciation des plaies sociales et politiques de son pays, Haïti dont son œuvre (en construction) dès ses débuts est empreinte. Celles et ceux qui ont lu ses recueils *De bri peyi* et *An Chat pent* peuvent en témoigner. Parfois séparées dans les recueils de l'auteur. D'autres fois, ces deux constantes se trouvent liées dans un même geste de mots.

Dans ce présent recueil cependant, la femme afflue et prend corps sur les pages jusqu'à ne laisser que peu d'espace. Peu d'espace, mais quand même un peu, la dénonciation venant de temps à autre à s'arracher sa part de la célébration.

« L'homme aura beau mourir pour un pain » , écrit-il par exemple dans l'un des poèmes du livre.

Voilà qui est dit : Le *Second regard* est un doux chant exaltant la femme, exaltant le corps féminin au plus beau sens du terme; c'est aussi l'expérience partagée par le poète de la grâce que lui octroie cet être sublime et dont un seul échange semble pouvoir désarmer.

« Femme
quand tu m'abordes
toutes mes feuilles frissonnent »

Baudelaire écrit: « quand d'autres esprits voguent sur la

musique, le mien ô mon amour nage sur ton parfum ». Jonas ne dit pas le contraire.

«Ton parfum de femme
incrusté dans ma mémoire
garde encore l'odeur vive
de l'extase»

Mais pour lui, c'est l'être entier, avec tout ce qu'il a de solide et d'artifices. C'est le corps dans ses mouvements. Car il y va du vivre.

« Danse
toujours car la vie
se nourrit de la cadence du corps »

Loin de l'impossibilité qui est souvent celle de nombreux discours poétiques à dire le corps de la femme sans être dans la griffure, Pierre Jonas Romain incarne un dire sur le corps féminin dans le plus grand respect.

« Le soleil
mortellement blessé
au double tranchant
de vos seins
bricole petit à petit
ses rayons éteints »

Le Second regard c'est près d'une centaine de pages, écrites dans une langue légère, aérienne, qui s'offrent aux lectrices et aux lecteurs. La femme y est magnifiée sous une plume belle et riche, mais qui se donne tout de suite, libérée de la grandiloquence et loin des excès de la réthorique poétique.

« Je suis par automatisme
un gourmand de la divinité
du corps féminin
le second regard

m'emplit
et je n'aurai que
l'instant et l'éternité à avaler nu »

Invitation donc à vous laisser imprégner par l'élan poétique
de pureté, qui irrigue ses pages.

Pierre Jonas Romain est de ceux qui vont à pied vers le panthéon
des noms illustres de la poésie haïtienne contemporaine. S'il
est toujours un peu loin des grandes tables et des rumeurs du
monde des lettres, son œuvre (en construction), riche déjà de
nombreux recueils, représente un épi lumineux dans ce grand
champ de paroles sensibles.

Adelson Elias, poète

SUPPLICATION

Tiens ma main
chérie
lorsque m'épingle la mort
laisse-moi toucher
les dentelles de ta robe
immaculée
et je serai Lazare
ressuscité de sa tombe
à la lumière de tes regards
envoûtés

HOMMAGE

Toute ma vie
je la chante
je la loue
et l'étoile qui m'a vu
naître
rêve sans cesse
d'elle
elle m'inspire
tout un monde
qui tremble au moindre
mouvement d'une hanche
tout un océan qui déborde
à la manière d'un tsunami
au passage prompt
d'un regard féminin
ma vie s'enlise en l'absence
d'un accent dans le phrasé
mélodique de son corps
je ne vis que pour elle
Babel de mes rêves
et je ne veux mourir
qu'au creux de ses bras
pour lécher une dernière
chaleur

LE MÉTIER DE POÈTE

Écrire
pour ne pas tuer
la langue
écrire pour redire la vie
écrire pour donner sens à l'amour
l'écriture est un jeu
où les mots se cherchent un coin
pour se régaler
moi j'écris quand la douleur
de la vue descend sur mes mains
tremblantes qui bavent de l'encre
j'écris
quand ma vie s'ennuie du quotidien
j'écris pour ne pas laisser étouffer
le monde entre les bras des géomètres
j'écris pour décrire ce qui se cache
derrière un regard
j'écris pour découvrir
d'autres volcans
d'autres tremblements
d'autres fins
d'autres sens encore
non exploités de la merveille féminine

SAINTE PRIÈRE

Seigneur pardonne-moi
si j'ai péché contre toi
si mes yeux errent çà et là
si pour ma prière
j'ose couvrir ma tête
d'une robe de femme
si en te chantant
je me perds dans l'entrelacement
de tout ce qui est au féminin
je sais qu'au dernier jour
nous serons tous revêtus d'un corps glorieux
permets Seigneur que mes pores
ne transpirent féminité
pour que le paradis
ne me soit pas fermé
pour une éternité Féminine
Amen

FÉLICITÉ

Plus de bornes
pour arrêter la démesure
du temps
plus de peine
pour celui qui
vit sous les regards
d'une dame
il connaîtra la folie
des oiseaux chantants
il deviendra par la magie
d'un souffle
pour le bonheur
et pour la foi
le seul être réduit en papier
pour recevoir la bénédiction
aux pieds d'une fée

GESTE SECRET

Un sourire
un regard
et le monde
tombe à genoux

ABSENCE

La maison
est triste ce soir
depuis ton absence
les chambres se vident de tout
chaque ustensile
pleure ta venue
demain
pour recueillir
l´énergie
dans l´immanence de tes regards
le Soleil comme par habitude
ne viendra pas plaquer ses rayons
sur les persiennes
et moi devenu puéril
dans mes gestes et dans mes mots
je compte un à un
tes pas laissés dans le couloir
peut-être ils dissiperont
l'ennui des jours
amorphes
ils me feront humer
l'odeur de ton corps
tatoué de toutes les douceurs humaines

L'OMNIPRÉSENCE

L´espace est à toi
mon amour
vierge sans souillure
des après-midis
de prostitution
entre avec toutes tes passions
avec tous tes élans
au coffre-fort
des plaisirs
et dis les mots
qui te montent à l´esprit
aux artisans curieux
même au dernier jet
de crachat
que le monde
est poésie
la vie aussi

AMOURS MULTIPLES

Je t'aime dans la passion
d'un jeu d'échec
je t'aime dans l'éboulement
des montagnes du monde
je t'aime dans les bouleversements
de Nagasaki et de Hiroshima
je t'aime pour ce qui fut
je t'aime pour ce qui est
je t'aime pour ce qui sera
je t'aime pour ce que je sais
je t'aime pour ce que je crois savoir
je t'aime pour la raison de ma déraison
je t'aime pour l'éternité d'un regard
et mon cœur
au pied de ton autel
comme un encensoir
brûle par dévotion
des émotions fortes
des gestes fous à l'âge
de l'innocence
jusqu'à la dernière poudre indénombrable

SECOND REGARD

Quand on regarde passer une femme
à l'autre bout de nos côtes
les mots nous désarment
et nos lèvres se crispent
à mesure que ses regards
nous invitent à mouiller l'ancre
mais l'amour est un jeu
qui se joue à deux
et l'on se façonne les règles
peu importe si l'on perd
peu importe si l'on gagne
il suffit d'aimer tout simplement
avec des yeux grand ouverts
sur la voie de la *follicitude*[1]
hier la femme que j'ai vue
m'a gravement séduit
bizarrement je suis tombé
comme une feuille à ses pieds
et la douleur que je portais
fièrement dans mon cœur
se dissipa au simple remuement
de ses lèvres
elle est l'Ève
de mon Éden perdu
depuis des temps inaccessibles
cette femme est une merveille
ambulante

POÈME VAGABOND

Mon poème
à coup de poing
dans le vide
cherche à creuser
l'atmosphère
des trous de toutes parts
de l'azote à l'hélium
de l'hydrogène à l'oxygène
mon poème dérange les chimistes
et les physiciens
tant pis pour eux
moi je ne rentre pas dans leurs réflexions
trop sectaires
trop CQFD
je cherche le plaisir des mots
leur méli-mélo étrange
j'aime casser mes jambes
et les rapiécer ensuite
je n'apporte rien au monde
sinon qu'un monde de mots vagabonds
des mots qui énervent
et qui disent cru ce qui
se dit tout bas
mes mots pleins de folie dans leurs entrailles
se font créateurs d'un autre univers
où la Mort se conjugue au passé antérieur
et le substantif Femme
la clé s'ouvrant sur toutes vies

DERNIER ADIEU

Je ne vais plus
t´écrire
les phrases ce soir
n´auront plus le goût
de nos petits jeux
d´enfants innocents
hier j´étais couvert
de soleil aux rayons
graves et capricieux
on ne voyait presque pas
cette ombre vile d´amour
mais la transparence du cœur
à la vitesse des désirs
toujours renouvelés
qui me chevauchaient
jusqu'à perdre boussole
fut traversée par cette lumière
oubliant sa trajectoire
Madame le temps germe autour
des phrases comme la Terre
tourne autour du Soleil
il porte l´habitude et l´amour
comme la rotation le jour
et la nuit

MA FEMME-NAUFRAGE

Il y a des femmes
qui se posent nues
dans les rues de Port-au-Prince
Il y a des femmes
devant qui on ne peut
que clignoter des yeux
Il y a des femmes béquilles
Il y a des femmes légumes
Il y a des femmes produits cosmétiques
Il y a des femmes à bon marché
Il y a des femmes-feuilletons
Il y a des femmes à l'avance
Il y a des femmes au guichet
Il y a des femmes aux journées
bénies
Il y a des femmes aux soirées
fichues
Il y a des femmes-radio
Il y a des femmes de télédiffusion
Il y a des Femmes-femmes
Il y a des femmes-hommes
Il y a des hommes-femmes
Il y a des femmes aux regards tranquilles
des femmes à la beauté des villes
des femmes moribondes

qui portent la mort à bras le corps
des femmes-bitumes
qui s'étendent fiévreusement
sur les chaussées d'une République
en mal de routes
en mal de toutes je dirais
ma femme épave
d'une Santa Maria
convoitée
cherche encore
d'autres mers pour concocter
d'autres naufrages

SOUVENIR D'ENFANCE

Dès mon plus jeune âge
ma maman m'interdisait
toujours de courir après
les petites filles du quartier
mais quand je les vis
à travers la fenêtre
avec leur jupe multicolore
leurs gogos éclatants
mes pores transpiraient
toutes les veines de mon corps se raidirent
et pour m'en libérer je poussais des cris
de la baleine à l'ours
du taureau à l'oiseau
du chien au chat
drôle de maladie
drôle de jungle
aucun sentiment d'inquiétude
ne s'éveilla en mon père
il chuchotait aux oreilles
de ma mère
et de tous les gens qui passaient
que ce garçon n'a besoin de rien
qu'une forte haleine féminine

A MA MÈRE

De toutes les femmes
que je vois
ma maman n'a d'égale
je ne sais pas s'il existe
d'autres mères soucieuses
mais de toutes les mères
que je connais
ma mère est plus qu'une veilleuse
elle contrôle chacun de mes pas
et pour me ramener à l'ordre
des merdes intempérantes
diluées dans ses entrailles
sensibles à la moindre blessure
de son fils
se heurtent
contre mes tympans
de toutes les mères
que j'aime
toi maman m'apportes
soutien et sacrifice
ma vie je la dois à toi
de tes bras ouverts
toujours pour moi
s'échappent des hirondelles de bonheur

GRIBOUILLAGE

Cette lettre est la première
écrite sur une feuille de papier blanc
d´un vendredi soir
qui s´ennuie
j´ai déjà brûlé
toutes mes paupières
dans la lampe à kérosène
à force de remuer mon cerveau
pour trouver des mots-volcans
des mots posés aux pieds
de tous ceux qui s´aiment
malheureusement
je n´ai pas l´habitude des mots
ils ne rentrent pas
dans ma tête
comme entrent les morts
aux cimetières
sans aucun aboiement
ils deviennent insensés
ils ne voyagent plus
leur destination est trop monotone
je longe mon arc à distance de mon cœur
à l´idée que se déclencheront des flèches
pour transpercer l´arbre vierge
à la jouissance d´une blessure

vive coulée sur tous les trottoirs
des mains
peut-être l'on saura la douce douleur
d'écrire à celle pour qui les mots trébuchent
pour qui les mots restent bouche bée
pour qui mes membres se calcinent
à haute température des seins

VIVE INQUIÉTUDE

Je n´aime pas voir
pleurer les femmes
leurs pleurs sont trop inquiétants
il coule grandes émotions
à chaque larme tombée
sur la ville
toutes les rues
deviennent sens unique
les voitures immobiles
chiquent leur tabac
la Terre s´inquiète
la Terre s´affole
le cœur a une bosse dans le dos
malheur à celui qui
par faiblesse ose
jeter des regards méchants
sur une femme qui passe
il lui sera lancé sans pitié
toutes les pierres de la Terre

MODE D'EMPLOI

Un mode d´emploi
pas comme les autres
un mode d´emploi
tant pis pour les uns
tant mieux pour les autres
un mode d´emploi
qui n´emploie
que la chaleur des sens
un mode d´emploi
un peu en petit pas
un peu en pyjama
mode d´emploi
plein d´entrain
qu´aucune cuillère
ne peut contenir
toi qui me lis
regarde bien dans ton verre
à Barbancourt si l´alcool
qui te noie n´a pas l´effluve
des lèvres d´une femme sirupeuse
et tu me diras
quelle pilule prendre
quel médecin consulter
quel mode d´emploi utiliser

JEU DE MO (R)T

Pour recouvrer la vue
l´aveugle crie
l´aveugle pleure
au bord d´une piscine
Pour retrouver la vie
l´homme voit
l´homme meurt
au fond des yeux
d´une femme
et du cycle du temps
on s´en fout

HÉRITAGE

Un petit jeu qu´aiment
les hommes
un petit jeu de toujours
qui traverse des générations
et qui se joue à deux
un petit jeu
que mon père et ma mère
ont répété ensemble
une fois
deux fois
trois fois
quelque part dans la chambre
ou dans le couloir cela va de soi
un petit jeu
pour certains Frivolité
pour d´autres Amour
ce petit jeu pérenne
est le plus beau des jeux
qui se renouvelle
dans le jeu des autres
ce n´est pas un jeu de mots
mais un jeu de corps à corps partagé
ou saccagé d´entre les deux
qui perd gagne

FOLIE HUMAINE

Quelque fois le monde
allume des brasiers entre ses jambes
pour un morceau de terre
il arrive à s´écorcher
à s´étrangler jusqu´au
dernier étranglement
pourtant demain avec ses béquilles
son cercueil dans les mains
va crier justice
quelle justice
sinon qu´une poignée
d´épices ajoutées à la gueule
d´une mondialisation dénicheuse
de tout ce qu´il y a à dénicher
et les mains tendues il existera toujours
pas pour faire la paix derrière les murs
mais pour renforcer les inégalités
l´injustice sociale
quelquefois le monde ouvre ses entrailles
de femme pour accoucher des bêtises humaines

TOURBILLON

Ma femme
bruits de vagues
au déhanchement de la mer
vent qui met en marche
mon moulin
loin de toi
se déchargent
toutes mitrailles
mon combat est incertain
je deviens
débilité humaine
par carence de salive
et de ton odeur
de pistache grillée
viens aujourd´hui
dans mon foisonnement
d´étoiles pour rendre possibles
mes constellations viriles
au beau milieu de ta sphère céleste

SAGE DÉCISION

Définitivement je me décapiterai
pour de bon
ma chair en morceaux
trouvera entre tes dents
la joie d´être broyée
mange-moi chérie
mange-moi
mange-moi
avec la voracité du lion
pour respirer l´oxygène de tes poumons
l´oxygène que m´offre l´instant me gène
il me faut ton haleine
purificatrice de toute souillure
pour me remettre en marche
je suis majeur depuis deux mois
et je suis prêt à avaler mon acte
de naissance en toute liberté de vie
mange-moi chérie
mange-moi d´une seule bouchée
et mes os serviront de poudre
mise dans des flacons hermétiques
produit pharmaceutique
pour le saupoudrage des cœurs

EGRENAGE DE MON CHAPELET

Frappe mon cœur
et tu verras
tomber
tels des colliers
d'un chapelet
mes mille élans
d'amour comme des verres cassés
au carrefour de ton pubis

Chaque collier
invoque ta nuit d'étoiles
miroitant en mille lieues
ton indicible beauté
de chair en jachère
joyeusement une saison
viendra
où la fertilité tranquille
de tes charmes
en larmes laissera des sillons
sur tous les océans
et l'eau dira combien
grande est ta main
réceptrice
de vagues au mitan
de ton nombril

HARCÈLEMENT

Raconte-moi ta vie petite fille
toi dont le visage
serein et tentant
érige des montagnes
d´yeux odieux
des hommes-allumettes
brûlant tout
dis-moi ce qui t´arrive
à l´intérieur des voitures
aux vitres multicolores
ces trompe-l´oeil
petite fille tu n´as que treize ans
et ton corps d´adolescente
à uniforme et aux nœuds pendants
ne connait pas encore la liberté
des mouvements fracassants
cassant ta fraîcheur montante
et tu es là innocemment
attendant la pluie maudite
de ces adolescentivores
à braguette gourmande
comme des ivrognes au cœur
lourd de plaisirs
cherchant où vomir
leur surplus d´alcool

DÉLIRE DU POÈME

Ce poème n´a pas de fin
je ne crois pas qu´il y ait un début non plus
il voyage avec les mots
il maudit
dix mots
par damnation
d´une dame

Ce poème n´a pas de fin
je ne crois pas qu´il y ait un début non plus
il rapièce par moments
tout mot qui ment
pour en faire un chef-d'œuvre
où tout lecteur buveur d´encre
se saoule à chaque page ouverte
crois-moi sur paroles
ce poème a une faim
de deux droites parallèles

ÉTRANGES ATTOUCHEMENTS

Elle m´a touché
brutalement et je rêve
qu´elle me touche
plus dur encore
plus dur que l´acier
et le fer
plus dur qu´un sein mûri
sur l´arbre des douceurs promises

je vis mon paradis
dans la dureté de son corps
dressé en stèle et mes mains
miraculeusement vouées
au métier du sculpteur
sculptent chaque pore
de sa peau pour rendre
luisant son épiderme
lieu où se tissent des milliers
de zones érogènes

Je l´aime partout
je l´aime pour tout
je l´aime sans effet de mensonge
je l´aime au comble de moi-même
je l´aime pour refaire mon voyage

stellaire dans la circonférence
de son ventre
porteur de vie
à chaque bataille
menée en complicité
avec l´amour

Elle m´a touché
brutalement et je rêve
qu´elle me touche
plus dur encore
plus dur que l´acier
et le fer
plus dur qu´un sein mûri
sur l´arbre des douceurs promises

DOIGTS DE LA FEMME

Une femme accusée d'adultère
prête à être lapidée
des hommes pierres à la main
avec leur pantalon taché
de fidèle infidélité
n'attendaient que mon signal
je les regardais d'un œil
fidèle
et les pierres déçues
au-dessus de leurs chaussures
tombaient par monceaux
ils s'en allèrent honteusement chez eux
avec leurs pieds palmés
comme des canards
depuis lors les femmes
traversent la vie fièrement
sans crainte d'être lapidées

OBSSESSION

Feu rouge
est ma vie
quand ta voix
ne s´accorde plus à mes complaintes
dans ma nuit tous les chats sont tigres
il n´y a que la lumière de tes yeux
qui guide mes pas
vers des villes inconnues
pour ne pas être réduit
en poussière
dans ma quête d´homme
nulle ponctuation
ne ternit la gravure
de mes phrases-être
je vis au tiroir
de tout ce qui est empreint
de toi
de ton odeur d´éternité de fruit mûr
de ton corps clignoteur
de toutes décharges sensuelles
et mes jours pour en jouir pleinement
défont leur nudité sur le tapis roulant
de ton ventre pour garder intacte
la fièvre de t´aimer
au-dessous de toutes les falaises
du monde

TÉLÉCHARGEMENT

Lune de miel
pour télécharger
la liberté
de réclamer
ta part de vie

Hier tu étais
un clochard
tant de fenêtres
t´ont ouvert leurs
bras
tant de villes t´ont donné
asile
tant de choses dont tu ignores
encore l´existence
t´ont épargné de balles assassines

Par reconnaissance
tu emprisonnes ton cœur
dans un labyrinthe où le plaisir

de se perdre est un pont jeté
entre l´enclume et le marteau
où la femme qui t´apprivoise
signera de sa main droite
ta marche
vers une éternité bienheureuse

Tu télécharges ta liberté
pour une lune de miel
qui réclame sa part de vie
et de douceurs
même à l´éjaculation
d´un ver de terre

TRANSE

En pleine ceinture
je te veux mon amour
couchée sur le lit
en femme libre
pour enfanter des mondes
dans tes cris tumultueux
l'univers s'inquiète
jour et nuit
toi seule avec ton ventre
étiré peux donner vie
à la Terre
toi seule dont les racines du jour
prennent chair dans le roulement
de tambour du grand Azor[1]
pour danser la fièvre-humanité
en transe
prémonition du déluge
du verbe célébrant sa douce gestation

LA FEMME-FAUNE

J´ai couru hier soir
comme un chien
queue prise au piège
par une femme
je suis devenu
rat de campagne
rongeur de lèvres
transformé en chat-huant
de toutes parts je miaulais
son odeur comme une sorte
d´aimant qui me prit
par le cou
je léchais la vraie vie
couleur de lait
et pour que la Terre
s´en souvienne
momentanément
des cris perçants
à l´éclatement de mes joies
vomirent après déluge
toutes espèces animales
cette femme était une faune

EN PLEIN AIR

Drôle de cul
livré au public
très beau spectacle en plein air
parcours imprévisible
les regards se croisent
au masculin
dans les rues
tâtonnent
policiers hébétés
désarçonnés
armes déglinguées
par contraintes de la foule
et la circulation muette
transpire en plein soleil
jusqu´à l´incertitude
d´un moment de trêve
si toutefois un cœur
s´en va mourir
dans les bras miraculés d´une femme
la Terre reprendra courageusement
son tour millénaire
pour accoucher
avec les douleurs de l´enfantement
d´autres fils conducteurs
unissant les pôles
porteurs de vie
dans la folle ration humaine

RÊVE FOU D'UNE FOLLE

Sur mon chemin
la silhouette d´une femme
folle
a court-circuité
mes regards
elle portait tant de choses
sur sa tête
on aurait dit une folle
elle était vraiment folle
et sa folie balayait les rues

Chaque couche de poussière
était une insulte
à sa personne
chaque puanteur
attisait sa colère
jusqu´à lancer des pierres
sur les mouches
sur tous ceux qui par folie
d´être sages
laissèrent sur tous les trottoirs
traîner leur rationnelle
avitaminose

Cette folle que j´ai vue

par moments sur mon chemin
fut morte
morte par souci
de cette vieille rue passante
de toutes les journées
méconnues
reconnues

et aujourd´hui on parle d´elle
elle était belle la folle
au temps où le vent emportait
son visage sans ride

elle était belle la folle
mais elle a laissé derrière elle
la même puanteur
les mêmes mouches
coincées dans le caniveau
les mêmes piétons
dévisageant avec étonnement
le fou balayage de cette rue passante
et fièrement la chaussée
alla s´ensevelir avec elle
dans la tombe
où l´ombre de tant de visages poussiéreux
à la file indienne
s´apprêtait à être balayée

Cette folle rêvait un jour

malgré elle de balayer

avec toutes ses folies

l'esprit du monde

rêve déchu

étouffé

empoisonné

asphyxié

sous les regards

impuissants de la vie

PRÉMONITION

Hanches en vagues
volupté
des mouvements
mesurés
je n'ai pas la tête d'un cerf
je suis par automatisme
un gourmand de la divinité
du corps féminin
le second regard
m'emplit
et je n'aurai que
l'instant et l'éternité à avaler nus

FRAGILITÉ

Femme
quand tu m'abordes
toutes mes feuilles frissonnent
je ne m'imagine pas
ne pas te regarder
pendant une seconde
j'aime la vie
qui coule dans tes yeux
qui bavarde sur tes lèvres
qui tempête sur tes fesses
qui me cloue de ton sourire
Femme
quand tu dors
la Terre se tait
Il ne faut pas te réveiller
trop fragile
pour être bousculée

MON SALUT

Mon malheur
est à portée
des yeux
à coup sûr
je me perds
à mesure que la mer
déploie ses vagues
sur le rivage
mon cœur lourdement
armé
part en guerre
contre lui-même
le suicide est imminent
seule ta voix mignonne
traité de paix
au dérèglement
du second regard
peut ramener le Soleil
à son point initial

BEAU CRIME

Crève si tu peux
mon enfant
tes yeux au passage
de l'ouragan
ne rêve pas sur ton lit
car il y aura des maisons
qui succomberont
des bateaux qui feront naufrage
des arbres géants
qui s'agenouilleront
des cœurs qui s'affoleront
des volcans
qui feront éruption
désastre pour l'intention
d'un simple second regard
l'homme aura beau mourir
pour un pain
qui n'est pas le sien
il aura beau parler
du vent intouchable
mais il sera toujours condamné
à scruter sans le vouloir
un second regard

DENRÉES RARES

Les femmes
ont tout pour nous faire
mourir debout
leur corps n'a pas de frontière
il recèle des tendresses
à faire pleurer les hommes
elles nous tuent et nous ressuscitent
à chaque fois que nous nous croyons
être les maîtres du monde
elles nous font
danser
chanter
guerroyer
leur présence
s'ouvre sur notre jour
pour apporter le Soleil
tonus pour un second
regard rempli de gestes
et d'attouchements intimes

DERNIÈRE VOLONTÉ

A ma mort
mon plus grand regret
sera de n'avoir pas trop vu
avant mon dernier soupir
ce défilé de femmes
m'offrant des sourires
plus vifs que l'enfer
comme pour me purifier
de mes péchés
et déposer en paix mon âme
dans ce paradis
où il n'y aura
que la gloire de Dieu
à regarder en face

MA PRÉFÉRENCE

Ce que j'aime
chez les femmes
c'est leur silhouette débordante
ce magnétisme qui réduit tous les regards
masculins à un simple projecteur
de spectacle silencieux
cette Citadelle faite
de chair et de sang
minée de sensibilité
et d'émotions
ma préférence
prend sa source dans chaque voyelle
que prononcent leurs gestes
et leur sourire
à chaque lueur du jour
pour apporter
vie et lumière
à toutes les cellules humaines

LA MÉTÉO

Le temps est malade
aujourd'hui
la météo
annonce qu'il y aura
danger de pluie
diluvienne
plus que jamais j'ai besoin
de votre silhouette
Femmes aux seins chauds
à sécher les larmes du ciel
vous êtes porteuses de vin
dans mon verre
d'homme indécis
vous me rappelez
que la terre
cimetière où toute chair
prend vie
regorge de regards de femmes
tueuses en série
Femmes au corps miné
de fruits juteux
Femmes aux fesses
de bombe à retardement
devant vous je ne veux être
qu'une marionnette

STÈLE

Le Soleil
mortellement blessé
au double tranchant
de vos seins
bricole petit à petit
ses rayons éteints

Le jour se meurt
et dans le ciel
une fin du monde s'annonce
pas d'oraison funèbre
pour revendiquer la mort
de ces grandes villes-lumières
aux apparences trompeuses

Pas de tribunaux internationaux
pour juger vos seins
à la nudité secrète
d'éteindre par défaut
ce cercle lumineux
au-dessus de nos têtes

Ils sont là madame
ils implorent votre peau
cette braise humaine
qui dépossède l'homme
de son arrogance de maitre du monde
et lui fait prier tous les saints
de vos seins lumineux

à la merci d'un soleil moribond

À L'ÉVIDENCE

Ton parfum de femme
incrusté dans ma mémoire
garde encore l'odeur vive
de l'extase
de te voir
de te toucher
de te clouer
ma blessure renvoie
sa guérison
car ma vie aujourd'hui trop ennuyeuse
a soif de toi
pour abreuver
l'évidence de sa triste existence

AVEU

Je vous aime madame
je laisse couler à flots
de mon corps
tout le sang
qui retient l'homme vivant

Je voudrais tant me renouveler
en vous jusqu'à la dernière
goutte de rosée et de sueur
inutile de tâtonner ma mort
ma vie n'a de sang
que le sens de vous-même
Ô madame qu'il est bon de respirer
votre odeur
toutes les fleurs odoriférantes
héritent de votre corps
le parfum qui leur est dû

Vous êtes la seule force magnétique
qui ramène à son champ
être et objet
je vous imaginerais Déesse
s'il n'y avait pas Dieu
je vous imaginerais esprit
si vos doigts ne me touchaient pas

IMPRESSION

J'imprime
sous chaque soutien-gorge
des seins mûrs
la jupe qui évoque
la géométrie des fesses
musique sans rythme
dans la maturité du sexe
l'homme aura beaucoup
à regarder
des secondes fois
qui lui resteront
à vivre debout

Madame privez-moi de tout
mais je vous en prie
ne me privez pas de vos yeux
je m'inquiète à chaque fois
qu'ils se ferment
pour ne point s'ouvrir
car l'obscurité est terrifiante
Madame
l'obscurité elle est redoutable

CONFESSION

Tout second regard
est un mur de Berlin
effondré devant nos pieds
ainsi s'effondrent
à chaque seconde
sous nos yeux curieux
dans tous les sens
des murs
armés de chair fraîche
pour nous cribler de plaisir

A chaque bouffée de poussière
qui s'élève
la convoitise nous tente
jusqu'à briser nos muscles
et à nous mettre à genoux
après puisque convoiter
nous éloigne de Dieu
plus tard nous apporterons
devant son autel sacré
notre sacrifice d'hommes pécheurs
avec l'ultime espoir
d'être graciés

Danse...

Danse
tant que tes hanches
et tes pieds sont fermes

Danse
sans te soucier des pas
et des limites de la salle

Danse
pour que la vie tue
les ennuis des jours amorphes
des jours à mobilité réduite
des jours qui ont peur de poindre

Danse
toujours car la vie
se nourrit de la cadence du corps

Danse
malgré les blessures

Danse en suivant les mouvements vagues
des vagues sur le rivage

Danse
dans la cacophonie humaine

Danse
pour mieux creuser les bêtises humaines

seule la folie peut nous sauver !

CONTRE-THÉORIE

Je ne crois pas
que la Terre tourne
j'ai horreur de la pesanteur
spéculations scientifiques
et j'assume que la vraie science
Madame
porte la semence de votre corps
qui m'instruit de l'immensité
de l'univers et de ses lois
infinitude et mystère
Madame
la Terre s'immobilise
au mouvement de vos hanches
pour épargner l'homme
de son fier suicide

TRISTE MEURTRE

Hier soir dans les nouvelles
de sept heures
on a annoncé qu´une femme
a été criblée de balles
avec son sac à la main
son sang coulait
sur la chaussée
comme une rivière qui perdait
son cours
la vie signa son acte de décès
sur chaque pylône de la ville
le cœur corde au cou
prêt à se pendre
tandis que
cette femme gisant sur le sol
gardait encore dans ses yeux
des étincelles de feux
aux passants qui
brûlaient des feux rouges
comme des feux-follets

Sommaire

Achevé d'imprimer en Janvier 2024
Dépôt légal : Janvier 2024

Pour

Éditions Milot
17, rue du Pressoir
95400 Villiers-Le-Bel

Made in the USA
Columbia, SC
15 September 2024

41840890R00071